QUELQUES RÉFLEXIONS

A MES CONCITOYENS

SUR LA SITUATION ACTUELLE DE NOTRE PAYS.

VESOUL,
IMPRIMERIE DE A. SUCHAUX.

—

1877.

QUELQUES RÉFLEXIONS

À MES CONCITOYENS

SUR LA SITUATION ACTUELLE DE NOTRE PAYS.

VESOUL,

IMPRIMERIE DE A. SUCHAUX.

1877.

QUELQUES RÉFLEXIONS

A MES CONCITOYENS

SUR LA SITUATION ACTUELLE DE NOTRE PAYS.

Mon cher Collègue,

Nous voici arrivés à l'un de ces instants solennels où tout le monde doit payer de sa personne, où tous ceux qui aiment leur pays doivent descendre dans l'arène, s'ils ont à l'éclairer, et lui faire entendre d'utiles paroles.

Considérant que position oblige . . . ., vous m'avez choisi et élu pour diriger vos séances. . ., vous avez fait de moi votre Président. . . Vous avez paru, jusqu'à ce jour, goûter mes paroles ; je crois qu'il est de mon devoir, et vous l'envisagerez ainsi, de vous dire ce qui suit.

Eh bien, écoutez-moi encore à cette heure critique ; examinons ensemble la situation de la France.

La France se relève lentement, péniblement, d'une situation telle, qu'il nous faut remonter aux plus mauvais jours de notre histoire pour en trouver une semblable. . . Et dans ce laborieux travail de reconstitution, ayant à se remettre de tant de secousses diverses, de tant de malheurs. . ., pour aider la patrie dans l'achèvement de sa tâche, serrons-nous les uns contre les autres. . . Hommes d'ordre et de dévouement, c'est à vous que j'adresse un suprême appel.

Remontons à l'origine de nos récents malheurs, remontons
à cette guerre de 1870, dont le souvenir est encore si terri-
blement présent à vos mémoires.

Que vous dirai-je de cette affreuse guerre, dans laquelle
s'est écroulé le dernier Empire?

Pour entamer une telle guerre, dans les circonstances où
elle a été déclarée, il fallait vraiment que Napoléon III fût
un traître ou qu'il eût perdu la raison.

S'il a voulu, pour se venger de difficultés gouvernemen-
tales, livrer à l'ennemi la France vaincue, écrasée, sanglante,
il ne pouvait mieux faire... Mais l'histoire n'aurait pas de
jugement trop impitoyable pour une conduite aussi infâme.
S'il a voulu simplement jouer au chef d'armée, si sa décla-
ration de guerre n'a été et ne doit être considérée, à bon
droit, que comme un acte de folie, il fallait le déposer et lui
retirer la couronne. On ne laisse pas à des mains semblables
les destinées d'un grand peuple.

Que penser, d'ailleurs, d'une guerre commencée sous de
pareils auspices, quand on voit un général (général Michel,
21 juillet 1870) télégraphier au ministre de la guerre :

« Suis arrivé à Belfort; pas trouvé ma brigade ; pas trouvé
général de division. Que dois-je faire? Sais pas où sont mes
régiments !

. . . .

« Je ne sais pas où est mon armée ! »

. . . .

Quelle était alors l'importance de nos troupes?

Nous disposions à peine de 250,000 hommes, précipitam-
ment rassemblés, à mettre en ligne devant 500,000 Prussiens,
puissamment, de longue date, organisés et prêts...

Et, par une fatalité sans exemple, cette armée, échelonnée
en plusieurs corps sur notre frontière pour en garder les

abords.., mal approvisionnée de toutes manières, malgré les 500 millions votés chaque année par les Chambres (où sont-ils passés? Ils n'ont pas été perdus pour tout le monde!), devait se voir forcément écrasée en détail .. Vous vous rappelez comment cela s'est passé.

La fortune de la France s'étant effondrée à Sedan, cette guerre inepte déclarée à la Prusse fut continuée par une guerre plus inepte encore : la guerre que l'on a appelée *la guerre à outrance.*

Décrétée par M. Gambetta, poursuivie avec la plus insigne folie, elle justifia bien son nom par ses résultats.

Guerre à outrance, me disaient nos malheureux mobiles!... . Donnez-nous donc, vous qui ordonnez la guerre à outrance, donnez-nous *des vêtements, des chaussures et du pain.*

J'ai vu la situation de ces malheureux jeunes gens.., recevant sur ma voiture leurs sacs qu'ils ne pouvaient porter, épuisés par les privations de toutes sortes, quand je ne les recevais pas eux-mêmes... Je les ai vus!

C'était bien facile de décréter la guerre à outrance, quand vous, Monsieur Gambetta, assis dans votre fauteuil et les pieds sur vos chenets, vous signiez, d'un trait de plume, de tels ordres !

Quand la France, mon pays, et non pas le vôtre.. (Non! vous êtes, m'a-t-on dit, d'origine italienne), éperdue, pantelante, s'est abandonnée à votre direction, qu'en avez-vous su faire ?

Quand il eût été facile, alors, d'obtenir la paix par l'abandon de Strasbourg et une indemnité de deux ou trois milliards, vous vous obstiniez dans la plus insigne folie, n'écoutant que votre ambition, brisant, suspendant les conseils municipaux, les conseils généraux.

« Vous avez bouleversé toutes les attributions des auto-« rités civiles et militaires ; vous avez refusé à la nation de

« se donner une Convention chargée d'organiser la résistance,
« ou bien de traiter, suivant les circonstances, avec le gou-
« vernement ennemi. »

Je cite le langage d'un de vos amis (Brochure de M. Ordinaire).

Un avocat s'improvisant général! Cela serait vraiment fait
pour rire, si je n'avais le cœur serré et les yeux pleins de
larmes, en pensant aux souffrances de ma patrie.. .. Et
quels étaient donc vos titres pour gouverner alors, et pour
aspirer à remplacer aujourd'hui cette vaillante et prudente
épée à qui la France a remis le soin de ses destinées?...
Une certaine faconde, une audace sans bornes, une prodi-
gieuse facilité de paroles, une grande habileté de langage,
une ambition sans limites; mais de jugement et de patrio-
tisme, point! Vous voyez que je ne vous marchande point
les éloges...; je vous rends justice.

Et quand il en fut fini avec cette défense insensée — et au
prix de quels sacrifices, de quelles ruines, mon Dieu! — les
passions populaires soulevées par vos écrits et vos discours
viennent mettre le comble à nos malheurs. Déchaînées sur
Paris, les horreurs de la guerre civile se joignent aux
horreurs de l'incendie... Quelle a été votre conduite en
ces terribles moments? Vous êtes prudemment allé vous
abriter sous les ombrages de l'Espagne..., et, nouveau
Pilate, vous vous laviez les mains de toutes les calamités
que vous avez déchaînées sur votre patrie.. Les avez-vous
désavoués ces horreurs, ces incendies qui n'ont rien épar-
gné, depuis les Tuileries jusqu'à l'Hôtel-de-Ville, depuis le
palais des rois jusqu'au palais du peuple?

Vingt fois, à la Chambre, il s'est présenté pour vous
l'occasion de flétrir de telles horreurs... Vous vous êtes
toujours tu, vous vous êtes toujours dérobé. Il est vrai que
vous êtes avocat, et des plus habiles!

Un seul d'entre vous — non pas, je me trompe — un honnête homme, un député obscur aujourd'hui sénateur, M. Corbon, s'est levé (il m'en souvient), dans le cours d'un débat sur l'Internationale, pour flétrir ces crimes et répudier toute participation à ces horreurs.

Vous — c'est à vous qu'il appartenait de le faire, comme chef, hélas! d'un parti trop nombreux — vous n'avez pas voulu le faire, parce que vous auriez dû renier bon nombre de vos commettants.

Et le pacte de Belleville encore!

Avez-vous répondu à la Chambre?

Dans ce programme, vous promettez à la « vile multitude : »

L'abolition de l'armée ;

L'abolition des impôts ;

L'abolition de la famille ;

L'abolition de l'Eglise, etc. etc.;

Car vous voulez tout détruire et tout renverser. On vous a demandé compte de ce programme insensé ; vous n'avez pas répondu... Et cependant votre état social, votre intelligence, vos lumières, tout vous dit que ce n'est là qu'un mensonge. Et vous auriez la rougeur au front pour le soutenir devant des honnêtes gens.............................

Aussi, comme César, quand après le massacre des légions romaines il criait à Varus, dans sa profonde douleur : Qu'as-tu fait de mes légions? moi, Monsieur, je vous dirai, le désespoir dans le cœur — et pour un sujet bien autrement considérable, puisqu'il s'agit d'un peuple tout entier — Qu'avez-vous fait de ma patrie?... Vous l'avez perdue.

Depuis les Gracques jusqu'à Catilina, vous avez parcouru toutes les étapes de la démagogie, par le soulèvement de toutes les basses convoitises, de toutes les ambitions malsaines, jusqu'aux horreurs de la guerre civile et de l'incendie; vous n'avez rien à envier aux séditieux de l'ancienne Rome.

Où sont, en effet, vos clients, vos soutiens? Je vais vous le dire, moi! Quand dans nos villages nous avons un homme qui s'est signalé à la mésestime dé ses concitoyens, un débauché, un paresseux, un ivrogne, un voleur, qu'il n'y trouve plus ni considération, ni travail, un beau jour nous apprenons qu'il est parti pour Paris!... Voilà un politique de plus dans Paris la grande ville, appelé à régir les affaires de la France.

Mais où est le grand citoyen, où est l'homme de bien, pour vous démasquer au yeux de mon pays, pour dire à mes concitoyens : Cet homme vous trompe..., cet homme sera la ruine de notre patrie?... Hélas! je ne le vois point encore. Ouvrons donc les yeux, sachons réfléchir. Appelons donc le jugement, la raison à notre aide... A quelle amorce vous laissez-vous prendre?... A qui confiez-vous les affaires de votre pays?... Aux gens les moins capables de les bien conduire.

Mais nous sommes, malheureusement, sous le règne de l'avocasserie!

. . . .

Voyons, mes amis, vous tous cultivateurs, écoutez-moi. Vous à qui la nation doit son pain de chaque jour, entendez-vous bien? son pain de chaque jour, que sommes-nous dans la nation, nous autres gens de culture?

Tout, ou à peu près.

Quelle est notre représentation à la Chambre?

Nulle, ou peu s'en faut.

J'ai fait le relevé de nos honorables députés...: ils sont 534 (Voir *Biographie de nos députés*. Paris, Dentu, 1876). Savez-vous, dans ce nombre, combien on en compte s'occupant d'agriculture?... Juste 34 ! Il en reste 500 appartenant a toutes les positions sociales, et, dans ce nombre, je trouve 138 avocats!.... ....

Mais c'est le contraire qui devrait exister! .. 138 avocats, mon Dieu!... Mais ces Messieurs sont donc des gens d'un immense savoir? Quoi! rien ne leur serait étranger, industrie, commerce, navigation, art militaire, diplomatie; que sais-je encore? Un avocat serait donc un résumé de toutes les connaissances humaines, une véritable bibliothèque? Mais cela n'est pas possible! Et l'agriculture, où l'ont-ils étudiée? Dans leur cabinet, sans doute. Voilà donc 138 avocats nous faisant, hélas! à la Chambre, de l'agriculture de cabinet, et nous savons ce qu'elle vaut. Rappelez-vous ces questionnaires qu'on envoie de temps à autre à nos comices. Ah! comme ils témoignent de connaissances pratiques!

138 avocats! c'est trop, beaucoup trop, d'abord. Ensuite, leur place est au barreau et non ailleurs. Enfin, croyez-m'en, défions-nous de ces gens à la parole facile, ils sont trop habiles pour nous. Depuis assez longtemps, depuis trop longtemps, vous assistez au spectacle, entendez-vous bien? au spectacle de votre représentation aux Chambres de votre pays... 138 avocats!... Mais j'aimerais mieux un simple agriculteur pour député, que tous ces avocats... Renvoyons-les à leur barreau, comme les médecins à leurs malades (à moins que ces derniers ne considèrent la France comme plus malade encore)... A chacun son métier, et les vaches sont bien gardées.

Un mot encore, et pour en finir, sur tous ces avocats qui, dans leur passage aux affaires, n'ont jamais laissé que des ruines.

Prenons trois époques malheureusement trop célèbres de notre histoire.

Rappelez-vous ces scènes de désespoir et de sang de 93, où l'échafaud, fonctionnant sans relâche, poursuivait son horrible tâche au point de lasser les bourreaux eux-mêmes. Elles étaient trop nombreuses ces malheureuses victimes vouées à la mort! On les fusillait en masse à l'Abbaye; on les noyait par centaines à Nantes.

Qui dominait de sa haute position ces tueries et ces égorgements? Robespierre, un avocat !

Qui vint à la Chambre, au moment de nous lancer dans cette guerre de 1870, mentant à la nation, affirmer que la France était prête, et nous dire qu'il allait signer, *d'un cœur léger*, les actes qui devaient ouvrir pour elle une série inouïe de désastres, désastres qui devaient laisser bien loin derrière eux, par les ruines et le sang répandu, les excès de 93 ?

Qui? Emile Olivier, un avocat !

A qui doit-on imputer les massacres, les pillages et les incendies qui désolèrent Paris sous l'affreuse Commune? Qui souleva, par ses écrits et ses discours, cette vile multitude qui couvrit d'un crêpe funèbre la capitale de la France ?

Qui? Gambetta, un avocat !

Il est vrai que quand Paris brûlait, pour se ménager un alibi (style de palais), il courait en Espagne se cacher derrière les orangers de Saint-Sébastien, pour s'en faire un écran... Il sentait depuis là l'ardeur de l'incendie.

Voulons-nous jeter un coup d'œil sur la dernière Chambre ? Quel spectacle ne nous a-t-elle pas offert? Une réunion d'hommes sans expérience des affaires, pour la plupart, brûlant néanmoins du désir, du besoin de se signaler à leurs départements, apportant, pour cela, projet sur projet..., voulant tout détruire avant de rien édifier.

Que dire et que penser, en outre, d'une Chambre française, dans laquelle un député, répondant à un interrupteur au milieu d'une discussion sur les cérémonies religieuses :
— « Et s'il me convient, à moi, de mourir comme un chien, qu'est-ce que cela vous fait? »

Il n'est vraiment pas possible de froisser davantage les convenances et la dignité d'un peuple.

Ah ! Messieurs les libres-penseurs, laissez-nous nos croyances .., laissez-nous la prière qui nous accompagne à notre dernière demeure..., la prière qui console et soutient..., la prière par laquelle nous avons la noble ambition de nous élever jusqu'à Dieu !

Quand fatigués des labeurs du jour, des ardeurs de l'été ou des rigueurs de l'hiver...; quand arrivés au soir d'une journée bien remplie, nous le remercions, par la prière, des biens qu'il nous donne chaque jour, et lui demandons les forces nécessaires pour accomplir notre tâche du lendemain..., nous nous sentons plus forts et meilleurs... Laissez-nous ces chères croyances que nos mères, au milieu de leurs tendres caresses, ont semé avec amour dans nos âmes...; ces croyances qui nous aident et nous soutiennent au milieu des fatigues et des tristesses de la vie.........................

....

En ruinant les croyances d'un peuple, vous lui faites un tort énorme.. ...

Prenez mes terres, mes biens, ma fortune, en un mot; mais laissez-moi mes croyances..........................

.... Car je ne veux pas accepter; car je ne pourrais entendre, à mes oreilles, ces terribles paroles du poète :

Lasciate ogni speranza!... « Sorti de ce monde, tu n'as plus d'espérance ! »

....

Un peuple sans croyances est un peuple perdu.

Et voilà les représentants de ma patrie! Voilà de quels hommes se compose le grand conseil communal de France ! Et il faut un traitement à ces hommes! Oui, il leur en faut un.

O ma patrie! ô République, magnifique et sublime pensée! où est le temps où un grand citoyen s'estimait suffisamment récompensé par une couronne de chêne!... Comment! il leur faut de l'argent, à ces hommes, pour représenter leur pays, quand nous voyons, dans nos villages, tant de pas, de démarches, de manœuvres, d'intrigues même pour arriver à être l'élu de la commune!... Ah! gardons, mes amis, gardons soigneusement cette noble ambition, qui n'aurait plus le même caractère si elle était salariée... Et dans ces temps où tout est bouleversé, eh bien, laissons à ces représentants de la France de toucher un traitement!

C'est à l'Empire que nous devons cette monstruosité... L'Empire avait besoin de créatures, il les achetait ainsi... Mais, sous la République, devrait-il en être de même? Et vous vous dites républicains!... Ah! je ne me trompais pas, lorsqu'à notre dernier concours je ne voulais point voir, dans la République, une porte ouverte à toutes les convoitises, à toutes les cupidités!... Il est vrai que, dans le nombre, beaucoup sont gens besogneux, et que souvent *il leur faut cela pour vivre.*

S'il est un avocat sans causes, un professeur révoqué, un instituteur sans école, un journaliste frappé par les tribunaux, un médecin sans malades..., de par la loi du nombre, nous avons, dans nos grandes villes, cet affligeant spectacle de le voir envoyé à la Chambre...

Quand donc songerez-vous à diriger vous-mêmes vos affaires, et par vous-mêmes? Laissez donc là tous ces avocats, véritables machines à paroles..., toujours prêts à soutenir tous les partis, et qui même, au début, s'étant compromis dans la Commune, viennent s'asseoir, comme M. Méline, sur le banc de nos ministres.

Si un homme d'Etat (M. de Talleyrand) a osé dire et a dit:

« La parole a été donnée à l'homme pour déguiser sa pensée, »

Eh bien, moi je vous dirai aussi : Bon nombre d'avocats se servent de la parole pour égarer les populations... Voyons! parlons sérieusement. Qu'avons-nous vu dans la Chambre que le Maréchal vient de dissoudre? qu'avons-nous entendu? Des discussions stériles, où ces Messieurs, occupés de politique et de partis, ne s'occupaient nullement des affaires du pays. Et quand les 363, dans leur manifeste, viennent dire à la nation : « Nous allions faire! La Chambre allait doter le pays de réformes utiles, de bienfaits sans pareils! » Dix-huit mois pour arriver à nous dire qu'on allait s'occuper des affaires du pays! C'est par trop naïf!

Et ces 363, dont vous, Monsieur Gambetta et compagnie, vous réclamez à grands cris la réélection, croyez-vous qu'ils soient les représentants *vrais* de la France?... Je considère, moi, leur première élection comme une surprise faite à la bonne foi de nos campagnes, à leur honnêteté; et cela, par ces beaux diseurs dont l'incapacité pratique, en toutes choses, n'a d'égales que leur cupidité et leur ambition.

Je me représente, en effet, les finances de la France sous la figure d'un banquet immense, composé et dressé par vos mains à vous, cultivateurs. A table, devant vous — vous les servez comme de véritables domestiques — et dans votre bonhomie, vous leur offririez encore des serviettes pour s'essuyer les lèvres! Emerveillés, circonvenus par leurs beaux discours, vous vous félicitez d'avoir de tels représentants..., ne pouvant penser, dans votre honnêteté, que leurs cœurs ne soient point d'accord avec leurs paroles. . Et quand la farce est jouée, quand ils sont arrivés à la Chambre, comme ils rient, entre eux, de ces pauvres Ruraux !

Ils ont, en vérité, beau jeu, ces Messieurs à la parole facile, quand s'adressant à vous, honnêtes et simples habitants des campagnes, ils viennent vous effrayer des doctrines du fameux *Syllabus*..., du rétablissement des dîmes..., et du sombre cortége des droits féodaux. Mensonges, mensonges !

Depuis que la cour de Rome a cru devoir édicter cet acte, que je considère purement et simplement comme un acte de discipline ecclésiastique, comme un acte d'administration intérieure pour le catholicisme, en un mot, comme le rappel des vérités que le christianisme a toujours enseignées,

Vos prés ne vous ont-ils pas donné chaque année leur récolte ?

Vos moissons n'ont-elles pas rempli chaque année vos greniers ?

Et vos coteaux ne vous ont-ils pas, chaque année, fourni le vin qui reconforte vos corps après une journée de fatigues ?

Ces Messieurs, avec toute leur éloquence et leurs criailleries, ont-ils fait retirer le *Syllabus?* Vous douteriez-vous, sans eux, qu'il existe? Non, sans doute. Eh bien, ainsi du reste.

Il vous font aussi un épouvantail du rétablissement des dîmes et des droits féodaux. C'est une arme à toutes fins... J'ai vu l'Empire s'en servir en 1863 pour combattre dans notre département un candidat qui lui déplaisait; il fut réélu quand même ! Avez-vous vu pour cela les dîmes reparaître? ce dont un garde forestier, à ma porte, (dans son zèle à servir le gouvernement d'alors,) effrayait la population.

Et le cléricalisme, question aujourd'hui brûlante, et mise à la mode encore par ces avocats ! Il m'en souvient, en 1848, il ne s'est pas planté un arbre de Liberté sans qu'on n'ait prié nos prêtres de le bénir; et aujourd'hui ils n'ont pas pour eux assez d'outrages. Eh bien, croyez-en, mes amis, celui qui vous parle, nous avons le plus beau clergé de l'Europe : élévation de sentiment, régularité de mœurs, zèle à remplir son ministère, charité inépuisable, et dévouement à toutes les infortunes... La France doit être fière de son clergé, parce qu'il est entouré de la plus haute estime en Europe, sans en excepter la religieuse Espagne et la pieuse Italie. Croyez-en ma parole.

Mais pour qui nous prennent-ils donc ces gens, de nous faire entrevoir le jour où le pasteur de la commune présidera nos conseils municipaux, et celui peut-être où nous verrons MM. les curés conduire nos armées? C'est vraiment écœurant d'avoir à relever d'aussi tristes absurdités.

Voyons, Monsieur Gambetta! — et ici je voudrai bien vous croire — convenez que, lorsque vous êtes avec les frères et amis, vous devez bien rire de tout ce que vous nous débitez, à nous autres simples campagnards, à nous autres Ruraux. Voyons, est-ce que par hasard vous croiriez sincèrement aux dangers du *Syllabus*, au rétablissement des dîmes et des droits féodaux, à l'effroi que vous paraissez éprouver du cléricalisme? Mais, Monsieur Gambetta, vous êtes trop éclairé pour cela. Tenez, je vous le répète, quand vous êtes avec les frères et amis, au milieu de vos conciliabules, vous me faites vraiment l'effet de ces augures de Rome qui ne pouvaient (en songeant à la gravité de leur charge) se regarder sans rire, lorsqu'ils donnaient à manger aux poulets sacrés.

Aussi ne puis-je m'empêcher de dire à mes concitoyens : Que gagnons-nous à changer ainsi périodiquement de députés? Rien, souvent. Trop souvent, vous changez votre couteau contre une alumelle. Eh bien, moi, j'ajouterai encore ceci — Dame! comment m'exprimerai-je? — nous ne sommes pas des raffinés de langage comme ces beaux Messieurs les avocats... Eh bien, puisque nous ne sommes que des ruraux, parlons notre langage. Quand nous aurons été à l'école comme eux, nous parlerons plus élégamment... Eh bien, moi (pour me servir d'une comparaison qui nous est familière) : *Je préfère de beaucoup entretenir un cochon gras que d'en nourrir un maigre.*

Pour en finir, toute chose a son temps ; les gouvernements, comme le reste ; tout passe, excepté Dieu... Un mot sur les gouvernements passés qui ont régi la France.

Saluons avec respect la légitimité, parce que c'est la royauté qui a fait la France *ce qu'elle était.* Ce sont nos rois de France qui, à l'exemple d'un bon père de famille, l'ont créée, en ont fait avec le temps un tout homogène admirable, ajoutant, d'époque en époque, de siècle en siècle, une province à une autre province, poursuivant lentement, patiemment une œuvre vraiment nationale, la soumission ou l'extermination des seigneurs féodaux... C'est la royauté, enfin, qui clôturait tout ce dont elle avait doté la France par la conquête de cette magnifique colonie, l'Algérie, colonie qui, par le mariage d'un fils de France avec une princesse espagnole, devait faire de la Méditerranée un lac français.

Dans un autre ordre d'idées, cette royauté, pour laquelle vous n'avez pas assez d'injures, quelle mission remplissait-elle près du peuple, car il faut regarder les choses de haut? Le défendre des exactions des grands et des petits seigneurs, et de l'iniquité des droits féodaux. Voilà pendant des siècles quelle fut sa mission, mission tutélaire et protectrice; mission nationale avant tout : Rendons à César ce qui appartient à César... Enfin, c'est cette royauté qui avait porté la France à un tel degré de puissance et de splendeur, que lorsque *en Europe* on disait : « *Le Roi!* », c'était de la France qu'on voulait parler.

Saluons aussi la monarchie de Juillet, qui nous a dotés du régime parlementaire qui a brillé, malgré ses imperfections, d'un si vif éclat de 1830 à 1848, royauté qui, malgré ses faiblesses et ses défaillances, occupera aussi une grande page dans l'histoire. Ah! la France a eu, sous ce règne, dix-huit années d'une paix féconde. Il a conduit la France à une prospérité sans égale; et lorsque l'impartiale histoire pourra prendre la parole, elle vous dira qu'il fut l'un de ses plus beaux règnes, qui, par ses hommes d'Etat, ses financiers, ses chefs militaires, les progrès des arts et des sciences, plaça notre patrie à un rang élevé dans le concert des nations, un règne dans les épargnes duquel le second Empire devait trouver les moyens de payer toutes ses fautes et toutes ses folies.

Que dirons-nous des deux Empires; ils n'ont que des désastres à enregistrer à leur bilan. Le premier Empire a commencé l'amoindrissement de la France; le dernier l'a continué d'une manière inouïe.

Je n'ai jamais aimé les Bonaparte, parce qu'à bon droit je les considère comme les auteurs de tous nos malheurs.

Lorsqu'après tous nos revers militaires, l'Autriche demandait à Napoléon Ier, pour que l'Europe, armée contre nous, déposât les armes :

L'abandon du grand-duché de Varsovie, de l'Illyrie, des villes anséatiques et du protectorat de la Confédération du Rhin, concessions qui n'ôtaient rien à la grandeur de la France..., elle lui garantissait, en retour :

La ligne du Rhin et des Alpes (ce rêve que nous poursuivrons toujours),

Et, au-delà de cette barrière, la Hollande, l'Italie avec les deux couronnes de Murat et de Jérôme (dont nous n'avions que faire),

L'insatiable ambition de cet homme à qui il fallait des trônes pour tous les membres de sa famille, repoussa ces offres.

A l'abdication de Fontainebleau, après le traité de Paris, la France se vit réduite à ses frontières de 1792 ; elle dut livrer aux alliés 53 places fortes, 13,000 bouches à feu, 30 vaisseaux de ligne et 12 frégates.

. . . .

Après la défaite de Waterloo, la France dut payer aux alliés 100 millions, puis 700 millions d'indemnité de guerre, 370 millions de réclamations particulières ; en tout 1 milliard 170 millions... Ce n'est pas tout : 150,000 soldats devront rester pendant trois ans sur notre sol, entretenus et nourris à nos frais, pour faire la police de l'Europe.... en France.

Nous perdîmes en outre Philippeville, Marienbourg, le duché de Bouillon (une vieille province française), Sarrelouis (bâtie par Louis XIV), le cours de la Sarre, Landau, plusieurs communes du pays de Gex, et la Savoie, que le traité de 1814 nous avait laissée. Voilà les bénéfices du premier Empire (Voir l'*Histoire de France* de M. Duruy, *un ancien ministre de l'Empire*).

Je juge du mérite d'une institution par ses résultats. Qu'avons-nous gagné aux deux Empires? L'amoindrissement de notre patrie.

. . . .

Eh! que me fait la fumée des victoires si la gène doit venir s'asseoir à mon foyer!... La gloire, à ce prix, je la laisse aux niais. Quelles ont été les suites de ces victoires et de ces revers du premier Empire? Un million de soldats morts sur les champs de bataille; le tiers de la France laissé inculte faute de bras, et puis l'affreuse famine de 1816.

Hélas! tout s'oublie malheureusement trop vite dans notre pays; mais demandez aux rares vieillards, contemporains de ces événements, et qui existent encore, ils vous affirmeront la vérité de mes paroles.

Le second Empire a mieux fait les choses encore... cinq milliards de rançon versés, et deux provinces, les plus riches de la France, perdues... Et cependant le second Empire avait pris pour devise : L'EMPIRE C'EST LA PAIX!

L'Empire c'est la paix, a dit à la France Napoléon III en montant sur le trône. A-t-il été fidèle à cette promesse?

L'Empire c'est la paix! On ne ment pas aussi impudemment à une grande nation...

L'Empire c'est la paix!

Commençons par l'expédition de Crimée, où, pour satisfaire des ressentiments personnels (Napoléon avait demandé en mariage une princesse de Russie, et on la lui avait sèchement refusée), nous marchons à la suite de l'Angleterre; nous fournissons les troupes, et l'adroite Albion ne fournit, en réalité, que les moyens de transport... Mais les 40 vaisseaux de ligne de la Russie, de Sébastopol et de Cronstadt portent ombrage à la marine anglaise et inquiètent l'Amirauté. Si l'empereur Napoléon III avait consulté, avant tout, l'intérêt de la France, il se serait ressouvenu que si, en 1815, le farouche Blücher ne nous avait pas déjà arraché la Lorraine et l'Alsace, c'est à l'intervention de l'empereur de Russie que la France en fut redevable. Se l'est-il rappelé? Non. Il obéissait à un ressentiment personnel, qui a primé l'intérêt de la patrie.... Et puis, la Russie était notre plus vieille et plus sûre alliée! La France avait tout intérêt à se la ménager.

Aussi combien son appui ne nous a-t-il pas fait défaut! Lorsque M. Thiers, venant, dans la guerre de 1870, implorer à la cour de Russie cette puissante alliée d'autrefois, il n'en reçut que des paroles courtoises et une commisération stérile. Nous l'avions trop froissée par notre guerre de Crimée... Et voilà comment et pourquoi nous prîmes Sébastopol!

Continuons par la guerre d'Italie, conception politique qui devait étonner le monde!... Napoléon III a créé à nos portes, d'une foule de petits Etats inoffensifs pour la France, une puissance considérable, qui a pour nous l'amitié que vous savez..., disposée à se joindre à la Prusse à la première occasion.

Quand un peuple est mûr pour la liberté, il brise lui-même ses fers. S'il ne l'est pas, eh bien, c'est que les chaînes de la servitude n'ont pas encore pesé assez lourdement sur sa poitrine; nous n'avons que faire de nous en occuper!

Que dirons-nous de l'expédition de Chine, où, comme d'habitude, à la remorque de l'Angleterre (l'empereur Napoléon III n'avait que cette alliée), nous allons l'aider à forcer l'empereur de la Chine à recevoir, comme par le passé, l'opium des marchands de Londres, pour continuer l'empoisonnement de ses sujets... Philanthropique Angleterre!

Et cette insigne et honteuse folie qu'on a appelée la guerre du Mexique, où, suivant le ministère d'alors, la France devait porter le flambeau de la civilisation (style et parole creuse de l'avocat M. Rouher)..., quand, en réalité, il ne s'agissait que de différends survenus entre Juarès et le banquier suisse Jœcker, dont il avait emprunté les fonds pour son élection à la présidence du Mexique, — différends auxquels ce banquier suisse avait su intéresser nos ministres! — contrat, où (comme beaucoup d'honnêtes républicains) Juarès ne voulut plus, arrivé au pouvoir, solder la carte à payer...

Tous ces détails ne se sont pas imprimés dans les journaux de l'époque ; on ne se les donnait qu'à voix basse, et la rougeur au front.

Et cependant, malgré toutes ces fautes, je ne voulais point la chute de l'Empire ; j'aurais voulu seulement qu'au plébiscite de 1870, 2 ou 3 millions de *non* avertissent l'empereur qu'il faisait fausse route!... Hélas! comme précédemment, 7 à 8 millions de suffrages lui donnèrent à penser que la France était, derrière lui, prête à ratifier sa conduite... Et pour se venger du comte de Bismark, qui l'avait grossièrement trompé en lui promettant le Rhin, sous la condition qu'il lui laisserait écraser l'Autriche à Sadowa, la guerre fut déclarée!...

Il est vrai qu'au milieu de toutes ces guerres, quand on avait à l'armée, à l'armée *guerroyante*, un fils, un frère, un neveu, un parent, un ami, on ne pensait pas à faire de l'opposition.

Aussi, comme le disait nettement devant moi un ancien préfet de la Haute-Saône, M. Isoard : « Il ne me déplaît pas « de voir dans les communes ces rivalités, ces petites divi- « sions, ces compétitions diverses... Quand on est occupé « à tout cela, on ne songe pas à critiquer le gouvernement « de l'empereur. » Et puis, le même préfet venait nous dire, à l'une de nos fêtes comitiales : « La fibre de l'empereur « répond à la fibre du cultivateur; l'agriculture est sa pre « mière préoccupation! » Pauvre France! pauvres cultiva-teurs, quand ouvrirons-nous les yeux?

Je m'arrête ; je ne puis continuer à vous rappeler une aussi triste comédie. Bien triste et honteuse comédie, en effet, car, à la suite de toutes ces guerres, la gêne dans nos campagnes allait toujours croissante ; les travaux, faute de bras, devenaient de plus en plus difficiles... Quand les mères pleuraient leurs enfants moissonnés par ces guerres, quand nous, cultivateurs, nous nous demandions avec stupeur si nous pourrions toujours, faute de bras, cultiver le sol de la patrie... ah ! la fibre de cet homme n'était guère *à l'unisson de nos besoins.* Tout cela n'était que des mots ! Sa politique était d'ailleurs admirablement représentée par son ministre, l'habile M. Rouher. Il est vrai que c'était encore un avocat !... Ainsi, il m'en souvient, lors de l'enquête sur l'approvisionnement de nos arsenaux, cet homme, défendant son maître à la Chambre, eut bien l'effronterie de mettre en ligne de compte 4,000 anciens fusils à pierre qui ne servaient à rien depuis cinquante ans, lorsque la Prusse, comme vous le savez, ne disposait que de fusils à tir rapide et à longue portée.

Terminons. Quels ont été les résultats de ce règne de Napoléon III au point de vue de nos finances ? La royauté de Juillet avait laissé la France avec une dette de 5 à 6 milliards ; et pour arriver à cette dette, dont le commencement date de François Ier en 1522, il avait fallu 326 ans. Et voilà que le second Empire nous laisse, *pour dix-huit années de règne,* une dette plus que doublée, une dette de 14 milliards !

Nous arrivons à la situation actuelle. Si la République me paraît devoir être la dernière expression du gouvernement des peuples, *quand ils seront mûrs pour cette forme de gouvernement,* gardons-nous des brouillons qui la rendraient impossible et livreraient notre malheureuse patrie à des tiraillements sans fin... Les scandales du Directoire nous ont valu le Consulat, qui n'a été que le marche-pied du premier Empire. Les émeutes de juin 1848, écrasées par Cavaignac, nous ont conduits au 2 décembre. Vos folies, si vous triomphiez,

Monsieur Gambetta, obligeraient la France à vous balayer encore, vous et les vôtres.

Ce qu'il nous faut, avant tout, c'est un gouvernement ferme et stable ; et si l'un de vos amis a dit en pleine Chambre (M. Naquet, je crois) : « *La République est la révolution en permanence!* », nous ne voulons pas de la République à ce prix. De votre personnalité, je me soucie fort peu. Mais qui paie, je vous le demande, les frais de toute révolution? C'est nous. C'est nous, cultivateurs ; et nous sommes de beaucoup les plus nombreux... Nous nous rappelons les 45 centimes de 1848.

A chaque révolution, d'ailleurs, les impôts augmentent, parce qu'il vous faut faire place à *de nouveaux besogneux* au banquet social, banquet dont, je le répète, nous autres cultivateurs nous payons les frais... Toute révolution ne laisse que des ruines après elle, et c'est à nous qu'on s'adresse tout d'abord pour panser les plaies de la patrie et réparer ses finances bouleversées.

Nous avons, je le dis encore, soif de paix et de tranquillité. Peu nous importe, en définitive, la forme du gouvernement qui nous régit, pouvu qu'il soit sage. Et puisque nous sommes en République, eh bien, restons-y... Elle nous coûte assez cher, votre République du 4 septembre, entendez-vous, Monsieur Gambetta !

« Vous, Monsieur, autrefois pauvre étudiant du quartier
« latin, sans sou ni maille, cherchant des causes et sa voie
« sur les marches du Palais-de-Justice. .

« Aujourd'hui, vous êtes riche; vous avez un hôtel, un
« équipage. Vous jouez vingt-cinq louis à l'écarté, à la
« bouillotte ou au baccarat. Vous avez une suite nombreuse
« de courtisans que vous traitez, du reste, comme ils le
« méritent, *avec la dernière insolence...* Vous paraissez
« dépenser cent mille francs par an ! »

Voilà pour vous les bénéfices de la République!.........

C'est M. Ordinaire, député du Rhône, qui dit tout cela dans sa brochure, et bien d'autres choses encore. Vous ne pouvez récuser un homme qui vous honora de son amitié et qui, hier encore, était votre ami.

. . . .

Pourquoi ne lavez-vous donc pas votre linge sale en famille et nous édifiez-vous ainsi sur votre valeur morale?... O vous les 363, voilà cependant votre chef !

M. Thiers, cet homme d'Etat pour la mémoire duquel j'aurais certainement des paroles bien sévères, s'il n'avait pas libéré le territoire et écrasé la Commune (et à ce titre il a droit à ma reconnaissance)... M. Thiers, qui dans ses luttes avec M. Guizot, répondant à un député qui le questionnait sur les plans de réforme qu'il aurait à substituer à ceux de ce grand ministre... lui dit ceci en souriant : « *Je jouerais le même air, mais je le jouerais mieux,* » réponse qui vous peint bien ce que fut cet homme d'Etat... M. Thiers, que vous et les vôtres, avec la distinction de votre langage, avez traité de « *cheval de renfort,* » et dont encore, hier, au gré de votre ambition, vous, Monsieur Gambetta, derrière vos journaux, vous vous faisiez un drapeau ;

M. Thiers a dit :

« *La République sera conservatrice ou elle ne sera pas.* »

Rangeons-nous donc autour du Maréchal ; ne lui créons pas d'obstacles dans la tâche si difficile qu'il accomplit ; pour cela, ne nommons point des gens qui lui fassent échec à la Chambre ; nommons les candidats qui nous sont indiqués comme devant soutenir le gouvernement du Maréchal, et nous aurons l'ordre et la conservation... Mais ne renommons pas ces 363, qui n'ont mis le pied à la Chambre qu'en se disant dévoués au Maréchal ; ne les nommons pas, si nous voulons préserver notre patrie du désordre et des ruines.

Laissons donc s'agiter dans le vide toutes ces obscures médiocrités, ces adorateurs du soleil levant qui, hier encore, bonapartistes éprouvés, seraient demain légitimistes à outrance, comme ils se donnent aujourd'hui (ce qui est fort à la mode) pour républicains accomplis, n'offrant à la patrie que le triste et dégoûtant spectacle d'hommes sans principes, n'ayant en définitive pour drapeau que celui de leurs passions et de leur ambition. Ne divisons pas imprudemment nos voix pour faire le jeu des radicaux et de leurs avocats.

Et si la France nous doit son pain quotidien, qu'elle nous doive aussi la tranquillité si nécessaire à sa prospérité et à sa grandeur!

Ces paroles vont soulever bien des colères. Mais dans ces temps profondément troublés, où le sort de la patrie est en jeu, il faut avoir le courage de son opinion. Et si un Français croit avoir quelque chose d'utile à dire à son pays, qu'il n'hésite pas à le faire.

Je vous ai parlé le langage du cœur; j'aurai trouvé certainement le chemin du vôtre. Dans cette causerie intime, vous me jugerez, et me rendrez bien certainement cette justice de reconnaître, avec moi, que telle est ma devise :

Vous dire la vérité, toujours ! vous flatter et vous mentir, jamais !

Agréez, mon cher Collègue, l'assurance de mes meilleurs sentiments.

CARTAUX,

Président du Comice agricole de Jussey.

Demangevelle, ferme de la Grange-des-Champs, le 24 septembre 1877.

Noms des avocats.	Villes où ils sont inscrits.
Adrian	Gannat.
Allain-Targé	Poitiers.
Allègre	Toulon.
Andrieux	Lyon.
Azémar	Rodez.
Barascud	Montpellier.
Bardoux	Clermont-Ferrand.
Barthe	Pau.
Bastid	Aurillac.
Bel	Chambéry.
Belle	Tours.
Berlet	Nancy.
Bethmont	Paris.
Billy	Metz.
-Blanc, Pierre	Albert-Ville.
Borriglione	Nice.
Bottard	Châteauroux.
Bouchet	Marseille.
Bousquet	Nimes.
Boyer	Nîmes.
Brice	Termes.
Buyat	Lyon.
Casabianca	Bastia.
Caze	Villefranche.
Chabrié	Moissac.
Chaix, Cyprien	Gap.
Cherpin	Roanne.
Cochery	Paris.
Cosson	Lunéville.
Cotte	Draguignan.
Dariste	Paris.

Noms des avocats.	Villes où ils sont inscrits.
Darnaudat	Tarbes.
Desscaux	Rouen.
Denty	Arras.
Devaux	Saint-Omer.
Devès	Béziers.
Devoucoux	Autun.
Dréo	Paris.
Duclaud	Confolens.
Dufaure	Paris.
Duffo	Bagnères-de-Bigorre.
Dupouy	Bordeaux.
Durieu	Mauriac.
Escanyé	Perpignan.
Even	Dinan.
Fallières	Nérac.
Fauré	Lectoure.
Faye	Marmande.
Ferry, Jules	Paris.
Floquet	Paris.
Folliet	Paris.
Fourtou (De)	Ribérac.
Fréminet	Paris.
Gambetta	Paris.
Ganivet	Angoulême.
Gaslonde	Avranches.
Gasté (De)	Paris.
Gastu	Alger.
Gatineau	Paris.
Gavini	Bastia.
Gent	Avignon.
Girerd	Nevers.
Glaizal	Privas.
Godin	(Cassation).
Grandpierre	Bar-le-Duc.
Grévy, Albert	Besançon.
Grévy, Jules	Paris.
Guichard	Paris.
Guillemin	Avesnes.
Guyhot	(Cassation).
Hamille	Douai.
Hémon	Quimper.

Noms des avocats.	Villes où ils sont inscrits.
Horteur	Saint-Jean-de-Maurienne.
Jacques	Oran.
Jeanmaire	Epinal.
Jolibois	Paris.
Joly	Versailles.
Journault	Paris.
Lafitte	Agen.
Lamy	Saint-Claude.
Laumond	Ussel.
Laurier	Paris.
Lavignère	Bellac.
Le Blond	Paris.
Le Bourgeois	Dieppe.
Lefranc, Victor	Paris.
Legrand, Pierre	Lille.
Lepère	Auxerre.
Leprevot de Launay	Paris.
Leroux	Laon.
Lesguillon	Romorantin.
Lisbonne	Montpellier.
Logerotte	Louhans.
Loubet	Montélimar.
Loustalot	Dax.
Madier-Monjau	Paris.
Maitret	Chaumont.
Marcou	Carcassonne.
Margue	Mâcon.
Martin-Feuillée	Rennes.
Marty	Lavaur.
Massy (De)	Orléans.
Mathieu-Bodet	Paris.
Médal	Villefranche.
Méline	Paris.
Mercier	Nantua.
Merlin	Douai.
Millaud	Lyon.
Mir	Paris.
Ninard	Limoges.
Noirot	Vesoul.
Ordinaire	Lyon.
Ornano (D')	Paris.

Noms des avocats.	Villes où ils sont inscrits.
Oudoul	Saint-Flour.
Parent	Chambéry.
Patissier	Moulins.
Pellet	Paris.
Philippoteaux	Sedan.
Pilet-des-Jardins	Paris.
Piot	Paris.
Rattier	Lorient.
Raynaud	Périgueux.
Renault, Léon	Paris.
Renault-Morlière	(Cassation).
Riondel	Saint-Marcellin.
Roger-Marvaise	(Cassation).
Rouher	Riom.
Roux	Riom.
Sansas	Bordeaux.
Sarrien	Charolles.
Savary	Paris.
Sonnier (De)	Vendôme.
Spuller	Paris.
Talandier, Alfred	Limoges.
Tallon, Alfred	Clermont.
Thourel	Sisteron.
Varambon	Lyon.
Versigny	Gray.

Députés s'occupant d'agriculture, appartenant à la dernière Chambre.

Noms de ces députés.	Villes qu'ils représentaient.
Anthoard	Grenoble (Isère).
Arnoult	Quimper (Finistère).
Bernier	Orléans (Loiret).
Bourillon	Mende (Lozère).
Bouthier de Rochefort	Charolles (Saône-et-Loire).
Brasme	Béthune (Pas-de-Calais).
Bravet	Grenoble (Isère).
De Chambrun	Marvejols (Lozère).
Colin	Pontarlier (Doubs).
Delacour	Caen (Calvados).
Desmoutiers	Cambrai (Nord).
Destremx	Largentière (Ardèche).
Dreux-Linget	Châteaudun (Eure-et-Loire).
Fourot	Aubusson (Creuse).
Giraud	Melle (Deux-Sèvres).
Gametel	Mondidier (Somme).
Guigné (comte de)	Paimbœuf (Loire-Inférieure).
Kerjégu	Brest (Finistère).
Klopstein	Verdun (Meuse).
Doucette (De la)	Vouziers (Ardennes).
Panel	Dieppe (Seine-Inférieure).
Florent-Lefebvre	Arras (Pas-de-Calais).
Le Marois	Valognes (Manche).
Levaillant du Douet	Havre (Seine-Inférieure).
Magniez	Péronne (Somme).
Malézieux	Saint-Quentin (Aisne).
Marc Montagut	Périgueux (Dordogne).
Parry	Boussac (Creuse).
Perrieu (De)	Lorient (Morbihan).
Ponsard	Châlons-sur-Marne (Marne).
Saint-Martin (De)	La Châtre (Indre).
Septenville (De)	Amiens (Somme).
Tillancourt (De)	Château-Thierry (Aisne).
Valadi (De)	Espalion (Aveyron).